AF176183

Was ist Zeit – ension oder Fiktion?

Was ist Zeit - Schreitet sie unaufhaltsam voran oder gibt es eine Wiederkehr?

Jens Schulze

Bibliografische Information der Deutschen Nationalbibliothek: Die Deutsche Nationalbibliothek verzeichnet diese Publikation in der Deutschen Nationalbibliografie; detaillierte bibliografische Daten sind im Internet über dnd.dnd.de abrufbar.

© 2022 Jens Schulze
Herstellung und Verlag: BoD – Books on Demand, Norderstedt
ISBN: 9783755747659

Zeit als Grundlage der Bewegung

Was ist Zeit?
Diese Frage wirkt banal,
vielleicht komisch,
selbsterklärend, denn Zeit ist
wie der Herzschlag, der uns
ein Leben lang begleitet.
Kaum jemand kommt auf den
Gedanken, Zeit in Frage zu
stellen. Sie ist Begleiter,
manchmal ein notwendiges
Übel in Bezug auf das
Älterwerden und gleicht einem
Rennwagen auf einer
Einbahnstraße, in dem das
Gaspedal blockiert wurde.
Denn Zeit zu beschleunigen
oder zu verlangsamen, scheint
völlig absurd zu sein.

Den Lauf der Zeit in seiner Geschwindigkeit zu beeinflussen oder gar zurückzudrehen bzw. in die Zukunft springen zu lassen, ist vermeintlich nur ein filmisches Klischee, mehr nicht, bisher und in unserer Wahrnehmung.

Zeit ist die Grundlage jeder Bewegung. Ohne Zeit gäbe es absoluten Stillstand. Manche behaupten, Zeit ist Geld oder Verschwendung oder einfach nur die physikalische Größe „t".

Und doch rütteln Erkenntnisse und Formeln am stereotypen Fortgang der Zeit.

Ist Zeit in Wahrheit nur unsere Wahrnehmung? Ist Zeit die

Darstellungsdimension unseres Gehirns? Und: Stand die Zeit vor der Entstehung oder Erschaffung des Universums still, still in einem Stecknadelkopf der zusammengepressten Materie dieser Welt bis ein Impuls, eine kritische Barriere die Expansion dieses Stecknadelkopfes mit seinen Billionen Tonnen von Materie und mit unvorstellbaren Energieressourcen auslöste und damit die Zeit in Gang setzte?

Zeit scheint ursächlich mit Raum verknüpft zu sein. Gibt es keinen Raum, kann es vermutlich auch keine Zeit geben. Oder tickt die Uhr

unabhängig von allem Äußeren? Das würde die uns bekannten physikalischen Gesetzmäßigkeiten über den Haufen werfen. Oder ist Zeit vielleicht doch die eingehauchte Illusion einer ideellen Kraft, einer Gottheit am Steuerpult, nach dessen Befehlen wir wie die Marionetten eines Puppenspielers tanzen.
Ohne Zeit ist der Raum ein eingeschmolzenes Standbild.

Wollen wir eine Treppe hinaufsteigen, benötigen wir Zeit. Aber wir wechseln in dieser Zeit auch den Raum, in dem Fall in unserer Wahrnehmung von unten nach oben. Hängen Raum und Zeit diametral zusammen und lassen sich in keiner Weise trennen? Kann Raum bzw. eine Strecke nur überwunden bzw. zurückgelegt werden unter Inanspruchnahme von Zeit?

Aber wenn wir uns vermeintlich gar nicht bewegen, vergeht trotzdem Zeit. Es dreht sich in dieser Zeitspanne die Erde weiter und das Sonnensystem, die Galaxis, ja die Expansion des Universums schreitet voran. Also bewegen wir uns ungewollt doch, in dieser Zeit. Seien wir ehrlich: Es erscheint in unserer Wahrnehmung als Menschen absurd, dass man in

das stetige Rad der Zeit
eingreifen könnte.

Ist Zeit beeinflussbar?

Stellen wir uns einmal vor, es
gäbe keine Zeit. Aber es gäbe
Raum. Alles würde erstarrt in
sich verharren. Das Dasein,
die Realität wäre sinnlos, es
gebe nur das Ex aequo
unverändert, wobei sich die
Frage nach dem Sinn in einer
Welt ohne Vernunft sicherlich
nicht stellt.
Gäbe es Zeit und keinen
Raum, würde ein Punkt
dahinvegetieren. Dies wäre
ebenso sinnlos und erklärt
unsere Welt in keiner Weise.

Aber mittlerweile entdeckten und erklärten Astronomen eine nach innen gerichtete Kraft, das schwarze Loch und seine Physik, beziehungsweise sie konnten sie nachweisen. Die Gravitation ist so stark, dass nicht einmal Licht nach außen dringen kann und im Inneren scheinbar verschlungen wird. Der virtuelle Köper verharrt bzw. erstarrt scheinbar auf dem Weg in einen solchen Schlund. Die Zeit bleibt quasi stehen. Oder doch nicht?

Der große Einstein belegte anhand einer rein physikalischen Herleitung, dass die Geschwindigkeit und

Relativität der Bewegungen Einfluss auf die Zeit nehmen. Der Kapitän eines Weltraumshuttles, das mit atemberaubender Geschwindigkeit durchs Universum floatet, könnte mathematisch bei seiner Rückkehr seinen Sohn im Alter seines Großvaters wiedertreffen. Ist das ein Märchen aus tausendundeiner Nacht?

Oder ist es vielmehr so, dass er sich mit hoher Geschwindigkeit von der Erde entfernt und dabei relativ langsamer altert? Dann könnte er aber seinem viel stärker gealterten Sohn so nicht gegenübertreten, da ja der immense Raum dazwischenliegt.

Altert er auf der Rückreise relativ umso schneller, damit die Relation bei seiner Rückkehr wiederhergestellt ist? Gleicht das System der Weltordnung das irgendwie aus?

Es war dem Menschen noch nicht möglich, dies in der Praxis zu erproben.

Die derzeit am häufigsten vertretene Theorie über die Entstehung der Welt ist die Urknall-Theorie. Die räumlich klitzekleine sogenannte Singularität mit allen Bausteinen des Universums verliert plötzlich ihren

Zusammenhalt und barst auseinander!

All die Masse, die wir heute am Sternenhimmel sehen, plus die, die wir nicht sehen können, war in einem Stecknadelkopf zusammengepresst. Das war der Zustand des „Nichts", das ultimative Äther. Was oder wer trieb dieses hyperdichte Ding dazu, irgendwann zu kollabieren, zu explodieren und damit erstens die Zeit in Gang zu setzen, zu starten, und zweitens den Raum zu kreieren, den es bedurfte? Liegt die Vermutung nicht nahe, dass dieses zusammengepresste Inventar unseres Universums das ultimative **schwarze Loch** dieser Welt verkörperte und wir nun beim Auseinanderdriften aller Bestandteile dem Zustand eines ultimativen **weißen Loches** entgegenstreben, in dem die höchstmögliche Leere besteht, alles Stoffliche abgewehrt und ausgestoßen wird. Vielleicht sind ultimatives schwarzes und ultimatives weißes Loch die Gegenpole des Universums, die sich abwechselnd gegeneinander und ineinander umwandeln, natürlich in einer Zeitspanne von unvorstellbarer Tragweite. Die Astrophysiker sind heute den Rätseln schwarzer und weißer

Löcher sowie den dazwischenliegenden Störfeuern, den Gammablitzen, permanent auf der Spur. Sie suchen den Himmel akribisch nach solchen kosmischen Erscheinungen ab. Es bestehen wohl kaum noch Zweifel, dass auch im Zentrum der Milchstraße ein sich drehendes schwarzes Loch mit unvorstellbarer Masse und Anziehungskraft die gesamte Materie und Energie seines Einflussbereiches, inklusive unseres Sonnensystems, zusammenhält und dabei durch das „Mitschleppen" eine Spiralform auf das Firmament zaubert. Einen weiteren riesigen Schlund vermutet man im Sternbild Sagittarius. Aber das sind regionale Einzelprozesse im Expansions- und Kollisionsgeschehen der Einzelteile des Universums. Die ultimativen Gegenpole sind mutmaßlich das ultimative schwarze Loch der Singularität vor 13,7 Milliarden Jahren und das ultimative weiße Loch, was einmal in zig Milliarden Jahren entsteht und dem alles, was sich im Universum voneinander allmählich entfernt, zustrebt. Wann dieses ultimative weiße Loch einmal in sein Endstadium eintritt, ist noch völlig ungeklärt.

Im Übrigen ist die Bezeichnung „Weißes Loch" irreführend, weil dort drinnen (oder draußen?) wohl die absolute Finsternis herrscht.

Ist das nicht eine schlüssige Erklärung? Die Welt hängt durch diese Gegenpole zusammen. Auch der letzte Winkel des Universums steht unter dem Einfluss dieser beiden Antagonisten, ob durch die Ursuppe des Kosmos, ob durch kleinste Gravitonen oder sonst etwas. Es bliebe nur zu klären, ob das Weltendasein und damit die Zeit, ewig dem ständigen Wechselspiel zwischen ultimativem schwarzem Loch und ultimativem weißen Loch unterliegt und die uns bekannte Zeit, das ist, was zwischen den ultimativen Zuständen liegt und stattfindet.

Sollte es jemanden möglich sein, von außen - wobei es das „Außen" wahrscheinlich überhaupt nicht geben kann - auf das Universum, auf unsere Welt, zu blicken, würde er bei dem drehenden ultimativen schwarzen Loch ebenfalls eine riesige Spirale, die Spiralgalaxis=Universum, erblicken. Die äußersten Bereiche der Spiralarme wären dann aktuell 13,7 Milliarden Lichtjahre entfernt. Selbstverständlich weiß niemand, ob das dann alles ist oder eine noch größere Ordnung von Hyperuniversen übergestülpt ist.

Die zuletzt durch die Astronomen beobachtete sukzessive Verdunklung aller Galaxien ist mit hoher Wahrscheinlichkeit ein Merkmal, dass sich das Universum auf dem Weg vom ultimativen schwarzen zum ultimativen weißen Loch befindet.

Was heißt das für die Zeit? Endet die Zeit am Ende des Weges in das ultimative weiße Loch? Beginnt sie nach einem erneuten Kollaps (Urknall) wieder von vorn. Die gesamte Materie bewegt sich

nachweislich immer schneller voneinander weg. Wird der Gang der Zeit beschleunigt und kommt irgendwann abrupt zum Erliegen?
Wir sind noch sehr weit von Antworten entfernt.

Zeit und Altern

Reden wir bei diesen Begriffen um Synonyme oder gibt es einen Unterschied? Beschränkt sich das Altern nur auf lebendige Objekte, auf die Daseinsform Leben und die Wahrnehmung des Menschen? Wenn ein Stern entsteht, so ist er in unserer Wahrnehmung jung und wenn er gegen Ende seiner Entwicklung explodiert oder implodiert, dann sprechen wir von einem alten, von einem sterbenden Stern. Und ein Stern mit seinen Bestandteilen, seinen Teilchen und Elementen ist doch eindeutig leblose Materie. „Altern" ist scheinbar nur eine Wahrnehmung des Bewusstseins, weil wir es auch als das biologische Altern verstehen. Doch im Grunde handelt sich es beim Altern um einen Wechsel in andere Zustandsformen. Die Zelle teilt sich im Organismus, bis die Energie verbraucht ist bzw. der mit der Geburt implantierte Code abgearbeitet ist.

Aber ist es nicht ein Grundverständnis unserer Wahrnehmung, dass zum Beginn auch das Ende gehört und sich dazwischen der Status eines Objektes von neu auf alt ändert? Oder ist das wirklich nur unsere Wahrnehmung?

Der Urknall war neu, brandneu. Es entstanden in wenigen Bruchteilen einer Sekunde Urformen, die Rezeptoren unseres Universums. Das ultimative schwarze Loch erwachte durch irgendeinen Impuls, womöglich durch ein quantenmechanisches Schwellenereignis.

Seit dem Urknall altert das Gesamt-Universum. Nur einzelne Bestandteile erneuern sich temporär. Aus dieser großen Sicht kann man das so feststellen und vor allem nachweisen. In diesem seit über dreizehn Milliarden Jahren alterndem Universum entstehen Bereiche und Segmente des Raumes immer wieder neu. Sie vollziehen sozusagen eine Geburt, einen Neubeginn inmitten einer alternden Umgebung wie der Fötus im Mutterleib. Die Zeit für diese neuen Raumsegmente, zum Beispiel eine neue Galaxie, beginnt inmitten des allgemeinen Alterungsprozesses von vorn,

so wie im ganz Kleinen auch
die Geburt eines Menschen,
für den die Zeit, seine Zeit,
neu startet. Die Zeit und das
Altern im Universum
unterliegen also nicht
gleichmäßig dem
Alterungsprozess. Die
vermeintliche Einbahnstraße
Zeit verfügt über unzählige
Boxen oder Nischen für einen
Neustart.
Im Allgemeinen denkt man,
Zeit ist keiner Überlegung
wert. Sie rieselt träge dahin
wie der Sand in der Eieruhr.
Aber aus einem kleinen
Löchlein Minierosion wird im
Laufe der Jahrtausende und
Jahrmillionen ein
Riesenkrater, ein Rinnsal wird

zum reißenden Strom, die kleinen Furchen auf der Landoberfläche werden zu mächtigen Canons.

Unterschied zwischen Raum und Zeit

Jeder wird behaupten, dass man diese Dimensionen gar nicht vergleichen kann. Nehmen wir doch offensichtlich an, dass sich Raum diametral von Zeit unterscheidet. Raum ist mehr oder weniger Materie, mehr oder weniger Energie, mehr oder weniger Teilchen und Felder.

Einen völlig leeren Raum
kann es wohl nicht geben. Das
Universum ist eine breiige
Masse. Energie und Materie
mit ihren Erscheinungsformen
machen den Raum aus,
verkörpern ihn sozusagen. Wir
müssen uns lösen von der
geometrischen Vorstellung,
dass Raum Höhe mal Breite
mal Tiefe ist. Dieses
euklidische Raumverständnis
hat nicht erst Einstein ins
Wanken gebracht.
Und Zeit? Die hat mit Materie
nun wirklich nichts zu tun.
Oder? Vielleicht mit
masseloser Energie?
Wir versuchen alles auf
materielle Ursprünge
zurückzuführen. Das ist mit

der Zeit nicht so einfach. Ist sie einfach das „Gegebene" oder doch das ideell Erschaffene?

Zeit macht Bewegung und Veränderung erst möglich, sonst wäre - wie schon zuvor festgestellt - der Raum ein Punkt ewigen unveränderlichen Seins.

So bedauernswert es ist, dass unser einmaliges Leben ach so schnell vorbei ist. Aber es hat zumindest stattgefunden, zwar nur ein winziges Quantum an Zeit im Weltendasein, aber doch geschehen.

Betrachten wir Raum und Zeit einmal von Anfang an. Es gibt nicht wenige Wissenschaftler, die an das ein- oder zweidimensionales Universum zum Zeitpunkt des Urknalls glauben. Materie und Energie von Millionen Sternen und riesige Mengen dunkler Materie in einem winzigen Punkt vereint wie in einem Mikrochip oder in einer zweidimensionalen Scheibe wie auf einer DVD. Erst der Urknall löste alle Fesseln und schuf damit unweigerlich neue zusätzliche Dimensionen. Vielleicht besteht das unendliche Hyper-Universum aus vielen solchen Mikrochips. Die Energie sammelt sich in Jahrmilliarden immer wieder in diesen superdichten Chips, um eines Tages erneut zu explodieren.

Und die Zeit fängt jedes Mal
neu von vorn an.

Energie und Zeit

Eigentlich beschreibt das
Thema die gleiche
Gegenüberstellung wie im
Kapitel zuvor, denn wie schon
ausgeführt, ist Raum ja nichts
Anderes als Energie bzw.
deren Erscheinungsformen.
Die Energie wie sie sich seit
„Anbeginn der Zeit" (Urknall)
entlud, setzte die Zeit in Gang.
Natürlich eröffnet sich sofort
die Frage: Was war davor?

Ewige Existenz eines Stecknadelkopfes mit massenhaft geballter Energie? Aber warum löste „Das" oder „Der" gerade in einem Moment vor 13,7 Milliarden Jahren den Urknall aus? Oder gibt es - wie zuvor schon spekuliert – das ewige Wechselspiel von sich zusammenballender Energie bis zum singulären Punkt, um dann wieder auseinanderzudriften? Spielt die Lichtgeschwindigkeit eine zentrale Rolle oder die Gravitation? Wenn das Universum expandiert, dann nach unseren Erkenntnissen maximal mit

Lichtgeschwindigkeit. Über diesen Horizont hinaus können wir auch nichts sehen oder nachweisen, da können die Teleskope noch so leistungsstark sein bzw. in die fernsten Galaxien vordringen. Und sollte diese Geschwindigkeit übertroffen werden können, kontrahiert da das Universum nicht wieder? Ja treiben wir es auf die Spitze: Dreht sich dann das Rad der Zeit zurück? Doch die Messungen sowie Schätzungen der Masse der sichtbaren und dunklen Materie in unserem Universum führen zu dem Resultat, dass das Universum unaufhaltsam auseinanderdriftet, dazu noch immer schneller. Wie passt das zusammen? Sollte die Zeit der Schlüssel für alles sein? Wieso gab es vor dem Urknall angeblich keine Zeit und damit keinen Raum? Weil die Energie in einem Punkt verharrte?

Und plötzlich platzte der Knoten und die Energie erschuf die Welt in ihrer Vielfalt.

Es sind viele Fragen, die meisten verbleiben vermeintlich im Dunkeln.

Kann man Raum und Zeit beeinflussen?

Nicht nur Science Fiction beschäftigt sich mit der Frage: Kann man Raum und Zeit beeinflussen, hinters Licht führen?

Kann man riesige Distanzen im Raum zurücklegen, ohne dafür Lichtjahre zu benötigen?

Kann man durch die Zeit springen, in die Vergangenheit, in die Zukunft, ohne dafür Raum überwinden zu müssen?

Ist es möglich, ein „Wurmloch" zu nutzen, um in einen Lichtjahre entfernten Raum zu beamen oder ist es möglich, mit einer Zeitmaschine in die Vergangenheit oder Zukunft zu reisen?

Wenn uns das gelänge, würden wir die Weltordnung aus den Angeln heben. Aber was heißt schon Weltordnung. Wer hätte diese vorgeben sollen? Saß oder sitzt da doch ein Überwesen im Olymp und konstruiert die physikalischen Grundgesetze? Keiner kann allerdings fest behaupten, dass die uns bekannten und in unserem Einflussbereich geltenden Naturgesetze auch woanders, zum Beispiel am Rande des Universums ebenso Gültigkeit behalten. Wir neigen dazu, Rückschlüsse auf der Grundlage des uns Bekannten zu ziehen. Aber dafür gibt es keine Garantie.

Derjenige, der Raum und Zeit beeinflussen könnte, verfügte über die Macht „Gottes", so möchte ich das „Ding" einmal nennen, um weitschweifende Umschreibungen zu vermeiden. Damit erscheint dieses Unterfangen für uns Sterbliche aussichtslos. Wir müssen uns mit unserer Fantasie begnügen.

Große Energie – kleine Energie; Makrokosmos – Mikrokosmos

Das auslösende Moment für den Urknall und damit den Anbeginn der Zeit begründet sich mutmaßlich nicht nur auf

die große Energie, so nennen
wir sie einmal, also die
Schwerkraft, sondern auch auf
die kleine Energie, also die
Radioaktivität, die
Kernenergie der kleinsten
Materiebestandteile.
Ansonsten käme es im
Universum eines Tages zum
absoluten Stillstand.
Das, was wir im Universum
beobachten können, sind die
Erscheinungs- und
Spielformen der Energie auf
deren Weg von der
Singularität in die Pluralität,
vom Punkt zur Vielfältigkeit.
Woher sie auch stammt diese
Eigenschaft der Energie oder
aber wer sie eingehaucht hat,
sie verkörpert einerseits als

große Energie den Zusammenhalt des Universums mit den gigantischen Gravitationszentren oder auch dem Gravitationszentrum und andererseits mit der brachialen Kernkraft der winzigen Atome und Atombestandteile, die immer wieder Unruhe stiften und mit ihrer Radioaktivität und den Quanteneigenschaften vermeintlich ruhige und harmlose Materiekonzentrationen zum Aufschmelzen bringen.

Die riesigen und aktiven Energiepotenziale im Universum lassen den Schluss zu, dass alle zeitweise stabilen Raumsegmente, Galaxien,

Sonnensysteme, Planeten nach ihrer Entstehung und vorübergehenden stabilen Existenz wieder zerfallen und liquidiert werden. Ein Gammablitz beispielsweise in relativer Nähe wäre verheerend und schüfe neue Welten. Dem wäre kein Kraut gewachsen. Aber was löst diese Supergaus aus? Da sind wir auch bei der kleinen Energie, die die vermeintlich stabilen Zustände permanent ins Ungleichgewicht bringt. Die Kernkraft, die Energie der kleinsten Bausteine dieser Welt, lässt das Universum nicht zur Ruhe kommen.

Noch einmal zu der Frage: Was ist Zeit?

Vielleicht ist diese Frage überflüssig. Die Welt kann man sich nicht vorstellen ohne diese Dimension. Aber tickt die unsichtbare Uhr immer und unentwegt stoisch vor sich hin, egal, was sich im Raum ereignet? Ist sie eine unabänderliche physikalische Größe ohne Bezug auf andere physikalische Parameter? Oder ist Zeit eine Fiktion unseres Gehirns, unserer Wahrnehmung, unseres Bewusstseins? Aber die Überlieferungen aus der Geschichte und die wissenschaftlichen

Erkenntnisse aller Fachrichtungen belegen, dass die Zeit ihre Spuren hinterließ, auch als wir selbst noch nicht existierten. Auch der Mensch als das einzig wirklich bekannte vernunftbegabte Wesen, ist nur ein Minisekündchen am Weltendasein beteiligt. Die meiste Zeit existierte ein kaltes seelenloses Universum, in unserem System eine Sonne die nur aus Wasserstoff und Helium bestand bzw. besteht und eine Erde, die sich heiß und ursprünglich ohne Ansatz einer Fortentwicklung zeigte. In diesem Prozess entwickelte sich auf einem Himmelskörper (oder vielleicht in vielen)

Vernunft in einem Wesen, was heute als Mensch bezeichnet wird. Dieser Mensch entfaltete seine Aktivitäten in den Raum. Wohin auch sonst? Er wäre sonst eine erstarrte Statue, die sich nicht fortbewegen könnte, weil der Platz für alle Aktionen fehlte. Die Zeit, in der sich der Mensch fortbewegt, wird als gegeben betrachtet. Sie ist eine gleichförmige Begleiterscheinung, ohne die es nicht funktioniert. Sonst wäre der Körper trotz aller räumlichen Freiheiten gleichsam erstarrt, ein Fortgang der Entwicklung unmöglich.

Wie betrachten wir Raum und Zeit? Als etwas Gegebenes, was schon immer da war. Die (menschlichen) Fragen, woher und wohin sich Raum und Zeit bewegen, wie sie entstanden und vergehen, sind höchstwahrscheinlich naiv und ohne Sinn. Es ist eben das Gegebene. Viele Menschen behelfen sich damit, all das einer allmächtigen Vernunft zuzuschreiben.

Warum interessiert uns der Charakter der Zeit?

Eigentlich ist auch diese Frage trivial. Unsere Wahrnehmung, unser Leben umfasst nur eine sehr begrenzte Zeit. Wir können das Geschehen unter Umständen nur im Rahmen von Jahren oder Monaten beeinflussen. Also sollte das uns interessieren, denn wir wollen die Wahrnehmung so lange wie möglich erhalten. Letztendlich muss man aber zu der Erkenntnis kommen, dass die Zeit kein Interesse für Wahrnehmungen aufbringt, geschweige denn für Individuen. Warum ist das so? Für uns eine perfide Frage. Das Universum hat eigentlich kein Interesse oder Platz für logische Schritte bzw. vernünftiges Denken. Oder man glaubt an eine Art Vorsehung, die den Menschen als Krönung der universellen Gestaltung in den Mittelpunkt rückt.

Natürlich ergibt sich da wieder die Frage: Warum sollte das so sein? Es ist wohl nicht zu beantworten, sondern mehr ein Indizienprozess in der Art, es muss so sein, weil alles in der Welt so perfekt organisiert ist, dass es eine Steuerung, einen Gott geben muss, der alles in der Hand hat.

Zeit und Raum in Frage gestellt

Nehmen wir mal an, wir würden Zeit und Raum in

Frage stellen. Einstein hat es
ja schon relativiert.
Die Welt würde eine
grundlegend andere sein, als
die, die wir kennen. Das
Universum würde nach der
Expansion kontrahieren.
Damit wäre der Raum
begrenzt. Die Zeit würde sich
nach dem Ende des
Universums rückwärts
entwickeln, Gestirne, Materie,
Menschen würden statt älter
jünger. Unter Umständen gäbe
es Wiederholungen,
Reinkarnationen oder
Rückentwicklung auf einer
Spirale ohne Deja-vu –
Spekulation!
Lässt die Zeit als die von uns
untersuchte physikalische

Dimension überhaupt eine Begrenztheit oder Wiederholung zu?

Es fällt schwer, sich vorzustellen, dass wir darauf eine Antwort finden könnten. Wir müssten in die Rolle „Gottes" schlüpfen. Wahrscheinlich maßen wir uns da zu viel an. Die begrenzte Blattlaus betrachtet die Welt anders als der Adler mit seinem weitschweifenden scharfen Blicken. Wir haben als Mensch womöglich überhaupt keine Ahnung, wie die Welt funktioniert.

Fakt ist: Wenn wir Raum oder Zeit in Frage stellen, ist nichts mehr so wie es ist!

Womöglich müssten wir uns damit anfreunden, dass wir unseren Vorfahren begegnen, vielleicht uns selbst in früheren Jahren oder lange verblichenen Verstorben oder Dingen, die Lichtjahre von uns entfernt sind. Es herrschte Halloween pur!

Ist Zeit eine Einbahnstraße?

Wenn Zeit eine Einbahnstraße ist, dann ist Raum, das Universum, unendlich und permanent auseinanderdriftend. Dieser funktionale Zusammenhang scheint unumstößlich. Sollte Zeit eine Schleife darstellen

bzw. der monotone Fortgang
der Zeit beeinflusst oder sogar
umkehrbar sein, dann wechselt
die Expansion des Universums
irgendwann in eine
Kontraktion. Damit wäre aus
unserer anthropogenen Sicht
das Chaos perfekt.

Es gäbe Deja-vus, zwar nach
unvorstellbarer Dauer, aber
die Wiederholung wäre an der
Tagesordnung. Der Raum oder
das Universum hätten eine
solch schwer vorstellbare
verschlungene Form, dass sie
endlich, zugleich aber
unendlich sind.

Ein x-beliebiger Materie-
Baustein wie zum Beispiel das
Atom wäre irgendwann nach
unvorstellbar langer Zeit an

demselben Ort wie irgendwann zuvor. Damit begänne die Zeit eine neue Runde mit äquivalenter Abfolge. Oder hält die Zeit trotz endlichem Raumes immer wieder neue Episoden bereit? Dies widerspricht wohl dem imaginären Zusammenhang zwischen Raum und Zeit, dem Raum-Zeit-Kontinuum.

Als Mensch würde man es als äußerst luxuriös betrachten, immer wieder neu erschaffen zu werden, wieder zu erstehen und nicht nach einem einmaligen Dasein für immer verblichen zu sein. Aber es ist sehr wahrscheinlich, sollte es zu solcherlei Wiederholungen kommen, dass man immer wieder keine Ahnung davon hat, dass man seine „Rolle" zum wiederholten Male erneut spielte wie in einem Theaterstück bei der x-ten Wiederaufführung. Womöglich hat der Autor diese Abhandlung schon zum millionsten Male geschrieben. Der Mensch fragt: Was hat das für einen Sinn? Aber sucht die objektive Realität nach einem Sinn? Ist es nicht eigentlich nur unsere ureigene Eigenschaft, immer nach einem Sinn zu suchen. Schon der Neandertaler tat das? Ist das nicht der Grund dafür, weshalb wir selbst im Zeitalter modernster Technik immer noch an einen Gott, wie auch immer er heißen mag, oder an eine überirdische intelligente Kraft, die alles lenkt, glauben?

Warum ist es so wie es ist?

Die Sonne ist heiß, gelb und stabil. Wir haben herausgefunden, warum das so ist.
Sie hat so viele Wasserstoff und Helium-Atome mit deren Zerfallsprodukten, dass sie in einem halbwegs stabilen Zustand des Brennens dahinvegetiert. Das war die Voraussetzung, dass die Erde und letztendlich auch wir entstehen konnten.

Aber wer hat dieses
Handwerkszeug und die
Zutaten im All verstreut?
Gott, Allah, Jehova, Buddha
oder doch einfach die Natur,
ein seelenloser Mechanismus,
der Vernunft eigentlich nicht
benötigt?
Wir werden es wahrscheinlich
nie erfahren.

Was bedeutet Zeit für mich?

Diese Frage erscheint ebenso
kleinlich wie bedeutungslos
angesichts der
vorangegangenen Fragen zur
Entwicklung des Universums.
Aber letztendlich ist sie für
jeden Menschen das Fenster,

aus der er die Welt in der kurzen Zeit seines Daseins betrachten und erkennen kann. Nur, ist das für den stereotypen Fortgang der Zeit von Bedeutung, das Leben eines einzelnen Individuums mit Vernunft? Wohl kaum! Der Widerspruch zwischen der brachialen Welt mit ihren exorbitanten Naturkräften, dem riesigen Energiepotenzial und der uns gegebenen Intelligenz zeigt sich daran, dass wir die Erschaffung dieser Welt gerne ideellen Mächten und Schöpfern unterstellen. Wie kann es sein, dass ein so scheinbar perfektes System mit ausgeklügelten Mechanismen einfach so aus dem Nichts oder aus einem Stecknadelkopf mit dem zusammengepressten Urstoff allen Seins hervorgebracht wurde? Der Mensch fragt immer und irgendwie nach der Zuständigkeit. Urknall, Expansion der Materie, Bildung schwerer Elemente, der Materie innewohnende Triebkraft zur Höherentwicklung, Eigenschaften der kleinsten Bausteine des Universums – alles war so beschaffen, dass es unter anderem auch uns hervorgebrachte. Kaum vorstellbar, dass dies nur von kalter seelenloser Energie gesteuert wurde und wird.

Oder ist das für uns in alle Ewigkeit unverständlich? Ist es einfach nur unsere Eigenschaft, die Eigenschaft des hochentwickelten Gehirns, hinter allem einen Sinn, eine logische Triebkraft zu vermuten?

Wir sind heute in der Lage, mit Teleskopen Millionen von Lichtjahren in das Weltall, aber auch weit in die Zeit zurückzublicken. Wir können Ereignisse einfangen, wie zum Beispiel das Sterben von Sternen, das Verschmelzen von Galaxien oder auch die Geburtststunde neuer Sternensysteme. Wir können Rückschlüsse auf uns bisher völlig unbekannte und unsichtbare Elemente ziehen, zum Beispiel auf dunkle Materie und schwarze Löcher, nur durch die Wandlung und den Nachweis veränderter physikalischer Eigenschaften des Lichts, der Quanten und elektromagnetischer Prozesse. Die Ergebnisse dieser Beobachtungen stellen auch die Zeit in Frage, die für uns so scheinbar im Gleichschritt voranschreitende unbeeinflussbare Gegebenheit. Das allein ist schon ein wahres Phänomen des menschlichen Entwicklungsstandes im einundzwanzigsten Jahrhundert. Denn vom Neandertaler bis zur Veröffentlichung der revolutionierenden Theorie von Einstein, hat wohl bisher kaum ein vernünftiges Wesen an der Unveränderlichkeit der Zeit gezweifelt.

Können wir dem Geheimnis der Zeit und deren physikalischen Eigenschaften weiter auf den Grund gehen, wo uns doch selbst nur ein sehr begrenztes Quantum zur Verfügung steht? Und noch einmal: Ist die Zeit eine Einbahnstraße ohne Ziel? Begann die Zeit mit dem Urknall und vorher existierte einfach nur ein Nichts? Warum gab aber dieses Nichts plötzlich sein stoisches Dasein auf? Ist der Gang der Zeit womöglich nur ein

Wiederholungsdrama und das Zusammenballen, die Kontraktion von Materie und Energie befindet sich im ständigen Wechselspiel mit der Expansion, welches sich unendlich viele Male rekapituliert? Ist das Universum, das wir kennen und seit dem Urknall betrachten, nur eins von unendlich vielen Universen? Und ist die nach dem Urknall aus unserer Sicht gestartete für uns messbare Zeit vielleicht nur eine von vielen Zeiten in anderen Universen? Kontrahiert das Weltall nach der scheinbar unaufhaltsamen Expansion wieder und die

Existenz alles Seins ist nur ein ewiges Deja-vu?

Es ist keineswegs sicher, ob wir eines Tages auf eine dieser Frage eine Antwort finden.

Aber ist es nicht unsere Eigenschaft und vielleicht auch Bestimmung, immer nach solcherlei Antworten zu suchen, auch wenn diese keinen unmittelbar messbaren Nutzen bringen?

Ich denke, dass wir diese zuletzt gestellte Frage eindeutig mit „Ja" beantworten können.

Ansonsten bliebe nur noch einzig und allein der Glaube. Der wird uns auf die Dauer nicht genügen.

Trotz unserer eigenen begrenzten Zeit transferieren wir diese Wissbegierde in die Zukunft. Unsere Nachkommen bauen auf den gewonnenen Erkenntnissen auf, werfen die Fragen zur Entstehung der Welt, von Raum und Zeit, immer wieder aufs Neue auf und kommen der ultimativen Erkenntnis, sollte es diese geben, Stück für Stück näher.

Was bedeutet für uns die Zeit?

„Für uns" heißt ja im Grunde dennoch „Für jeden einzelnen allein", denn eine Gesamtsicht gibt es letztendlich nicht.

„Unsere Zeit", die Lebenszeit, ist das Fenster, aus dem wir einen kurzen Augenblick in die Wirklichkeit blicken dürfen, jeder für sich allein. Schon den Steinzeitmenschen bewegten Fragen: Wo kommt das alles her? Wer schuf den Himmel, wer erschuf die Sonne. Und die gleichen Fragen stellen wir uns bis heute. Wer schuf das Universum? Wer konstruierte die Physik des Weltalls mit den Gesetzmäßigkeiten, den Wechselwirkungen, den Elementen des Periodensystems, den Nuklearbausteinen? Wer fügte dieses Konstrukt so perfekt zusammen und lieferte dazu

die wundersamen Triebkräfte,
dass sich kompliziertes Leben
und sogar Vernunft aus
einfachen Bausteinen
entwickelte? Da muss doch
eine allmächtige Macht die
Hand im Spiel haben. Genauso
steht es mit der Zeit. Wer
setzte die Weltenuhr in Gang?
Die materielle Triebkraft der
Natur oder die ideelle
Schöpferkraft einer
übermächtigen Intelligenz?
Letztendlich wird jeder für
sich dahin oder dorthin
tendieren.

Wenn die Zeit vor über
dreizehn Milliarden Jahren mit
dem Urknall aus der Taufe
gehoben wurde, dann stellt

sich automatisch die Frage:
War es eine Bedingung, eine notwendige Begleiterscheinung, die Zeit mit konstanter Geschwindigkeit unbeeindruckt von allen anderen physikalischen Größen voranschreiten zu lassen oder wird auch die Zeit entsprechend der Relativitätstheorie „verkrümmt". Geht die Zeit im Zentrum des Universums langsamer und in den peripheren Gebieten schneller? Für uns ist das kaum vorstellbar.
Der Einfluss des Zentrums des uns sichtbaren Universums ist

für uns nachweisbar und messbar.

Der superdichte Kern, der Stecknadelkopf in der „Stunde Null", zerbarst und schleuderte all die in ihm steckende Energie, Materie und sonstige Bestandteile in den Raum. Alles bewegte und bewegt sich immer schneller voneinander weg. Ist das immer noch der Impuls kurz nach dem Urknall, der bis heute andauert? Dass dieser Kern in eine Drehbewegung geraten ist, erkennen wir an den Spiralarmen, die von diesem Kern/diesem Zentrum verzögernd in der Drehbewegung mitgeschleift werden. Also ist der Einfluss des Kerns unseres Universums nach wie vor allgegenwärtig. Und dies über Milliarden von Lichtjahre hinweg. Wie kann das sein, was bewirkt das? Die Gravitation ist wohl nicht nur um einen Himmelskörper wie Sonne, Planet oder Mond in Form eines Festhaltegriffes gegenüber den Satelliten in Aktion, sondern wirkt im Verbund, wie stille Post, über diese extremen Entfernungen hinweg. Diktiert dieses Zentrum des Universums auch die Zeit?

Für uns stellt sich immer wieder die Frage: Was ist Zeit und wohin geht sie!

Ist unser Schicksal, das „Einmal sein ohne

Wiederkehr" oder das „Deja-vu" oder eine „Wiedergeburt in irgendeiner Weise".

Ist die Zeit trotz aller Verkrümmung in energiereichen Räumen eine Einbahnstraße, der ewige vorwärts gerichtete Lauf zu immer neuen Zuständen? Dann wären wir definitiv einmalig und irreversibel. Schlägt die Zeit Schleifen, geht rückwärts kommt nach unvorstellbarer Dauer zum Ausgangspunkt zurück, besteht „Hoffnung", dass unser Bewusstsein eine Art Wiederauferstehung feiern könnte.

Dies muss selbstverständlich auch für den Raum gelten. Ist

der Raum oder **das** Universum bzw. die Mutter aller Universen endlich oder in irgendeiner Form begrenzt, kehren alle Ereignisse nach exorbitanter Dauer wieder. Ist der Raum unendlich, während die Erneuerung ewiglich fort und nichts kehrt zurück.

Die Zeit in unserer Wahrnehmung

Seien wir ehrlich zu uns selbst. Wer träumt nicht gern vom ewigen oder zumindest vom wiederkehrenden Leben.

Die Verkrümmung der Zeit, ihre Betrachtung als physikalische und veränderliche Größe macht uns vielleicht Hoffnung, dass unser arg so kurzes und erbärmliches Leben eine Wiedergeburt erfahren könnte. Ist es doch eine so jämmerliche Aussicht, dass man einmal war und im ewigen Dasein des Universums ewig begraben bleibt. Aber gerade das wird vielleicht durch die Veränderlichkeit der Zeit in Räumen mit extrem hoher Gravitationsenergie und Hypermassen relativiert und erscheint plötzlich nicht mehr so „aussichtslos". Ein unendliches Universum ohne Grenzen – wer soll sich so etwas vorstellen können? Raum ohne Schranken, ewiglich neue Welten, neue Universen oder sonst etwas verteilt mit unendlicher Ausdehnung, immer fort. Die menschliche Wahrnehmung sträubt sich gegen diese Vision.

In einem begrenzten Raum dagegen rekapitulieren sich die Segmente. Irgendwann nach unvorstellbar langer Zeit befindet sich ein Urteilchen am selben Platz, wenn man dies überhaupt in einem Raum-Zeitkontinuum so ausdrücken kann „am selben Platz". Und die Zeit? Ist nicht

nur eine Einbahnstraße! Wie sie sich in Räumen mit extrem hoher Anziehungskraft verhält, kann man theoretisch berechnen aber praktisch nur mutmaßen.
Unsere Zeit ist unsere Wahrnehmung, der wir nicht entfliehen können.
Damit müssen wir uns bescheiden.

Wie ist die Zeit einzuordnen?

Die objektive Realität und damit auch unsere Wahrnehmung werden von Erscheinungsformen bestimmt, die wir vermeintlich nicht greifen und einordnen sowie oftmals auch nicht verstehen oder erklären können.

Dazu gehört die Zeit, aber auch die Gravitation.

Warum zieht Masse an, krümmt den Raum? Dagegen ist anzunehmen, dass relative Leere abstößt und den Raum dehnt.

Kann es sich mit der Zeit nicht ebenso verhalten? Die Zeit, wie wir sie in unserem Universum kennen und erleben, bewegt sich stoisch fort. Aus jung wird nach unserer Wahrnehmung alt. Der Erschaffung folgt Zerstörung, auf Entstehung folgt der

Zerfall und auf Geburt der Tod.

Aber in einem anderen Universum gilt das vielleicht nicht mehr. Doch wie sollte das aussehen? Alternde Gestirne streben zu jungfräulichen Strukturen? Da sträubt sich unsere Vorstellung. Aber ist es nicht ausschließlich unsere eingepflanzte Wahrnehmung, dass Altern allgegenwärtig ist. Vielleicht sollten wir uns von diesem Dogma lösen.

Nehmen wir einmal an, das Universum kontrahiert an einem Punkt der stagnierenden Expansion wieder. Das erreichte ultimative weiße Loch strebt wieder einem

ultimativen schwarzen Loch
entgegen. Die Billionen
Sonnen umfassende Masse des
Universums zieht sich
allmählich wieder in einem
Punkt zusammen. Das
Spektakel beginnt von vorn. In
der Folge löst sich der Urknall
zum x-ten Male aus.
Wie verhält sich da die Zeit?
Bewegt sie sich unbeeindruckt
fort oder unterliegt sie den
Regularien der Schwerkraft?
Kehrt sie sich womöglich um
und vermeidet so die ins
Nirwana führende
Entwicklung oder versucht sie
einen Kreislauf, der immer
wieder in den Ursprung
zurückführt. Ist der
Wiederholungsmodus

womöglich das Wesen des
Seins, der Beschaffenheit des
Raum-Zeit-Kontinuums?
Projektieren wir die mögliche
Umkehrbarkeit der Zeit auf
uns:

Das Universum kontrahiert.
Die Zeit flutet zurück. Wir
erstehen alt und klapprig aus
Staub. Krankheiten
verschwinden zwangsläufig
mit der allmählich
wiedererlangten Jugend. Wir
enden als Embryo, der sich in
die Ausgangszellen spaltet
und sich in genetisch inaktives
Material reproduziert. Die
Entwicklung würde das Ziel
verfolgen, wieder in den
ultimativen Zustand der
Singularität zu gelangen, den

Zustand, wo die Kräfte sich in einen Stecknadelkopf konzentrieren, bevor sie erneut versuchen, auszubrechen.

Noch einmal zum Altern

Wir verbinden die Zeit untrüglich mit dem Altern. Zellen altern und damit altern auch alle biologischen Erscheinungsformen. Aber auch Planeten altern und Sonnen, ja sogar Galaxien und das ganze Universum. Oder ist das nur eine menschliche Betrachtungsweise? Atome sowie alle anderen Elementarteilchen altern mutmaßlich nicht. Sie sind ewig, immer präsent und wandeln sich ständig in die verschiedensten Strukturen um. Einstein knüpfte die Zeit an die Geschwindigkeit. Nach der Relativitätstheorie verhält sich das mit Lichtgeschwindigkeit bewegte Partikel alterungsfrei. Auch Photonen unterliegen somit mutmaßlich keinem Alterungsprozess. Auch sie benötigen Zeit, um von einem Emittenten zum Empfänger zu gelangen. Aber sie kommen dort so jungfräulich an wie sie aufgebrochen waren und dies unter Umständen nach Jahrmillionen.

Die Zeit ist Bestandteil jeder Formel. Auch wenn sie gar

nicht dort auftaucht. Denn
ohne Zeit passiert gar nichts.
Es herrschte absoluter
Stillstand. Deshalb ist es so
interessant und, seien wir
ehrlich, für uns unvorstellbar,
die Zeit und das Altern in
Frage zu stellen. Nach den
Berechnungen der
Himmelsmechanik ist auch der
vermeintlich stoische Gang
der Zeit durch die Gravitation
und die Quantenphysik
beeinflussbar.
Das Licht bzw. die Photonen,
die auf ein schwarzes Loch
treffen, erstarren optisch bis
sie quasi zum Sillstand
kommen. Die Zeit bleibt
stehen. Oder doch nicht?
Schwarze Löcher würden ewig

bestehen. Aber wie herausgefunden werden konnte, verdampfen auch extrem kontrahierende schwarze Löcher irgendwann einmal. Ganz können sie dem Diktat der Zeit nicht entrinnen. Wir dürfen außerdem nicht den gegensätzlichen Fall vergessen. Das Universum ist nichts anderes als eine Emulsion, in der das schwarze Loch ein Extrem darstellt. Das andere Extrem ist das weiße Loch, von dem alles, was kreucht und fleucht, abgestoßen wird, weil es superleer ist und Energie und Materie abstößt. Und zwischen den schwarzen und weißen Löchern bewegt sich

alles andere, was in der einen
oder in der anderen Weise von
den Extremen abweicht.

Wenden wir uns noch einmal dem Raum zu

Die Erkenntniswelt der letzten
Jahrzehnte lehrte uns: Der
scheinbar statische
unbeeinflussbare Raum, in
dem sich alles abspielt, in dem
sich die Gestirne des
Universums bewegen, wo wir
leben, ist manipulierbar. Und
diese Manipulation wird in
erster Linie durch die
Gravitation hervorgerufen. Im
Umfeld von
Schwerkraftfeldern ändert sich

die Physik dieser Welt. Und das nimmt scheinbar auch Einfluss auf die Zeit, so schwer uns diese Vorstellung auch fällt. Aber wie ist es möglich, dass in einem zusammenhängendem Raum (zum Beispiel in unserem Universum) verschiedene Zeiten existieren, wenn man es genau nimmt, überall unterschiedliche Zeiten herrschen, da masseloser Raum quasi nicht vorkommt. Ticken die Uhren dieser Welt alles andere als im Gleichklang, je nachdem, wo sie sich befinden?

Es ist kaum vorstellbar, dass die Zeit sich an verschiedenen Orten unterschiedlich fortbewegt. Es ist anzunehmen, dass sie in starken Gravitationsfeldern langsamer voranschreitet als in fast leeren Räumen. Stimmt das oder ist das nur Rechnerei oder eine Fiktion des äußerlichen Betrachters? Gaukeln uns physikalische Gleichungen da eine Fata Morgana vor?

So unterschiedlich die Mutmaßungen zur Gestalt des Raumes im Universum sind, ist diese unendlich groß oder unendlich, isotrop oder anisotrop, orientierbar oder nichtorientierbar, global euklidisch, sphärisch oder hyperbolisch, so differenziert wird auch die physikalische

Größe „Zeit" zu betrachten sein.

Aber befinden wir uns da mit unserem Denken nicht innerhalb eines uns vorgegebenen Horizontes. Sich etwas nicht vorstellen zu können, heißt noch lange nicht, dass das nicht sein kann. Wie das Universum beschaffen ist, ob es die Wirklichkeit umfänglich ausmacht oder selbst nur Bestandteil eines viel größeren Systems ist, was wir nicht mehr ermessen können – wir werden es wohl kaum definitiv herausfinden können. Aber wir können uns mit unserer Erkenntniswelt annähern. Man kann es schwerlich eindeutig definieren, wenn man selbst „drinsitzt", sowohl im Raum als auch in der Zeit. Auch die Philosophen des Mittelalters versuchten die Erde zu erklären. Aber eine fundierte Interpretation konnte man erst mit den von der Erde wegfliegenden Satelliten und Raumschiffen liefern.

Selbst die Vorstellung, dass alles um uns herum nur Fiktion ist, nur Widerspiegelung von Fantasie, kann nicht definitiv widerlegt werden. So einfach geht das nicht: „Zwick mich mal, damit ich merke, dass es wahrhaftig ist!"

Ist der Raum/das Universum oder auch die Zeit endlich?

Man kann sowohl für die Unendlichkeit als auch für die Endlichkeit dieser Dimensionen plädieren und dafür eine Reihe astrophysikalischer Argumente anführen. Stephen Hawking votierte kurz vor seinem Tod nochmals für die Endlichkeit des Universums. Aber wie verhält es sich mit dieser nicht vollständig beweisbaren Theorie? Rebelliert da nicht der gesunde Menschenverstand, der da einräumt, dass hinter jeder gedanklich gezogenen Grenze irgendein Hinterland sein muss? Wie beschaffen ist dieses gedankliche Gebilde „endliches Universum", das unendlich sein muss, aber gleichzeitig auch ein endliches Fixum allen Seins darstellen soll? Und was bedeutet das für die Zeit?

Im Grunde ist die Hypothese einer Endlichkeit des Raumes gleichbedeutend mit der Theorie, dass die Zeit einen Anbeginn hatte (womöglich der Urknall = ultimatives schwarzes Loch) und höchstwahrscheinlich auch ein Ende (absolute Leere = ultimatives weißes Loch) erfährt. Die Fragen nach dem „Davor" oder „Danach" sind in diesem Falle überflüssig.

Aber endlich oder unendlich? Fakt ist, dass das Universum mit unglaublichem Potenzial von Energie gefüllt ist. Und diese Energie hat nach wie vor den Drang, sich in Systemen zu organisieren, in Galaxien, Sonnensystemen, Planetensystemen, abiotischen Raumstrukturen, biologischen Lebensformen, ja bis hin sogar zu dem System Mensch mit seinem Organisationswunder „vernunftbegabtes Gehirn".

Das bedeutet, dass diese Eigenschaft der Energie die Grundlage für Raum und Zeit darstellt, den Motor, der alles vorantreibt. Stellen wir uns alles in einer Black Box vor, in der wir die physikalischen Regeln bestimmen. Es läuft, wie wir es vorherbestimmen. Wir spielen für diese Black Box Gott. Das Universum funktioniert, gehen wir davon aus, dass das für uns sichtbare Universum, was aus dem Urknall hervorging, alles Sein umfasst und sich nach Vorgaben entwickelt, die entweder im Raum stehen oder von einem „Übervater" erstellt wurden.

Es ist höchst fraglich, ob der Mensch, so lange er existiert, hinter diese Fassade blicken kann. Wie, wodurch oder durch wen alles erstand, werden wir wohl niemals zweifelsfrei herausfinden können. Aber den Weg der Erkenntnis so weit empor zu klettern, wie es unseren Talenten möglich ist, das werden wir wohl dürfen und diese Passion wird uns auch zu keiner Zeit ruhen lassen.

Welchen Weg wird die Zeit gehen?

Sollte der Urknall die Zeit gestartet haben, dann bleiben das "Davor" oder die Frage, warum gerade in diesem Moment der Urknall ausgelöst wurde, irrelevant, ohne Belang. Wir können heute zweifelsfrei nachweisen, dass das Universum grundsätzlich expandiert, die gesamte Materie des ursprünglichen Stecknadelkopfes auseinanderdriftet. Diese Grunderkenntnis verbleibt trotz der Tatsache, dass in einigen Segmenten durchaus gewaltige Materiekontraktionen stattfinden. Verantwortlich dafür sind in erster Linie, wie bereits ausgeführt, quantenmechanische Mikroprozesse, die den Haupttrend der Evolution des Universums immer wieder durcheinanderbringen, verzerren und verfälschen. Mit hoher Wahrscheinlichkeit warten auf uns in fernen Galaxien oder

Sternensystemen Beobachtungen, die unsere Weltanschauung oder Hypothesen aufs Neue ins Wanken bringen können. Wohin letztendlich die Zeit geht und welchem Schicksal das Universum entgegengeht inklusive der Menschheit, kann nur gemutmaßt werden. Bei all dem, was wir heute über unser Universum, die Energie und Kräfte darin sowie die Zeit wissen, ist der Mensch, die Erde, das Sonnensystem, ja sogar die ganze Michstraßengalaxis sowie vermutlich auch unser gesamtes Universum nur eine Spielart des Motors der objektiven Realität und sind temporäre Gebilde. Jedes Raumsegment wird irgendwann einmal, auch wenn unvorstellbar große Zeitdimensionen dazwischenliegen, „umgepflügt". Die gewaltigen Energiepotenziale und die quantenmechanischen Prozesse, der Mikrokosmos, sorgen dafür, dass nichts ewiglich ist. Ein Gammablitz beispielsweise nach dem Exitus eines Sterns allein erschafft innerhalb seines riesengroßen Wirkungsbereiches völlig andere Raumstrukturen. Kleine Sonnen würden gemeinsam mit ihren Planeten verdampfen und eventuelle

Welten mit der Tendenz zu einer mikrobiologischen Entwicklung würden ausgelöscht, alles, was sich diesem hyperenergetischen Blitz entgegenstellt. Danach würde quasi eine neue Zeit anbrechen.

Man diskutiert im Großen und Ganzen drei Theorien:

1. Das Universum expandiert ewiglich. Es verrottet quasi, dünnt aus, verliert seinen Zusammenhalt und vegetiert dahin

2. Unser Universum kollidiert mit anderen Universen. Es fusioniert wie Seifenblasen mit seinesgleichen. Dabei

werden gigantische Energien freigesetzt, die völlig neue Strukturen schaffen und alles Bisherige zerstören

3. Die schwarze Materie/Energie erreicht/besitzt einen Wert, der an einem bestimmten Punkt der Expansion in eine Kontraktion umschlägt und die Entwicklung umkehrt. Das Universum schrumpft wieder zur Singularität

Relativität der Zeit oder stereotyp tickende Weltenuhr?

Aus der Sicht unserer Erkenntniswelt und unserer Wahrnehmung erscheint es paradox, dass man in den stereotypischen Lauf der Zeit eingreifen könnte.

Allein Einsteins Gleichungen der Relativitätstheorie widerlegen das.

Wir neigen im Allgemeinen zu einer pragmatischen Betrachtungsweise. Ist es nicht abenteuerlich, die nachgewiesenen physikalischen Eigenschaften von Raum und auch insbesondere Zeit anzuzweifeln? Aber würden wir mit dieser herkömmlichen Betrachtungsweise nicht die

Dynamik dieser Welt beerdigen?

An dieser Stelle ist es Zeit, über Quantenfluktuation nachzudenken. Ist das wirklich das Phänomen, was die Weltordnung immer wieder durcheinanderbringt? Sind es die fast nicht nachzuweisenden Teilchen, die die Isometrie des Raumes und die Stetigkeit des Zeitenflusses unterwandern? Womöglich erfüllen diese Teilchen die Aufgaben der hypothetischen Gravitonen und damit der Anziehungskraft und gleichzeitig der Antigravitonen, der

Abstoßungskraft des quasi leeren Raumes.

Die rezente Physik arbeitet vehement an einem Nachweis dieser Mikrokräfte und damit am Ursprung der Kräfte, die unser Universum zusammenhalten oder aber auch auseinandertreiben. Letztendlich bleibt immer nur wieder die Frage: Treibt die dunkle Energie das Universum ewiglich auseinander in einen Zustand der Monotonie und Bewegungslosigkeit? Geht die Zeit wie ein Strahl ins Uferlose? Oder kehrt sich die Entwicklung um und das gesamte Inventarium kontrahiert aufs Neue in einen

Punkt, sprich in ein superdichtes schwarzes Loch? Oder ist das Universum, was sich unserer Wahrnehmung zeigt, auch nur eine Metagalaxis und nebenan thront ein weiteres Universum, eine andere Hypergalaxis, als Baustein einer viel größeren, nicht mehr erfassbaren Welt, die wir als kleines vernunftbegabtes Wesen nicht mehr definieren können. Entschwindet die Zeit ins Unergründliche oder existiert im möglicherweise benachbarten Universum eine völlig andere Zeit? Die Lichtgeschwindigkeit hat uns Grenzen gesetzt, dorthin vorzudringen.

Aber ist ein endloses Ausdehnen des Universums und damit auch der Zeit logisch?

Dagegen sperrt sich alle Vernunft. Auch der hyperdichte Stecknadelkopf vor dem Urknall, in dem alles, was wir kennen, zusammengepresst war, barst eines Tages auseinander. Auch dieser singuläre Zustand hätte der Endzustand sein können. War es aber nicht. Die Kräfte der Quantenmechanik sorgten dafür, dass sich das Rad der Zeit (wieder) zu drehen begann.

Eigentlich erscheint alles logisch. Das Sein, das Material, was die Welt ausmacht, schlummert in einer Haselnuss. Aber irgendwann rumoren da quantenmechanische Prozesse, die nicht nur ausbrechen wollen, sondern damit die Zeit in Gang bringen. Ein ohrenbetäubender Knall setzt alles in Bewegung, zuerst heiß und schnell und danach langsamer und bedächtig. Kleinatomige Elemente wie Wasserstoff und Helium werden durch die langsameren Elektronenbewegungen in schwerere Elemente umgewandelt. Die dunkle Materie wird geboren. Aber ist das die Erklärung dieser Welt oder der Zeit? Oder ist das eine periodische Abfolge bzw.

Wiederholung des Seins, immer wieder? Vielleicht vermuten wir als vernunftbegabte Wesen dahinter eine Logik, die es nicht gibt.

Insbesondere Stephen Hawking erforschte auf der Grundlage des wissenschaftlichen Fortschritts mit deduktiven Kräften den Ursprung des Universums. Letztendlich blieb nur die logische Erklärung für den Urknall. Alles, was in einem Weltraum von Milliarden Lichtjahren Ausdehnung und Billionen Sonnen existiert, entstammt einem Millimeter-Winzling, einem Hauch von nichts. Kaum vorstellbar. Und der vernünftige Mensch stellt sich natürlich auch gleich die Frage: Wenn es nun so war und der Stecknadelkopf war das ewige alleinige Sein, warum entschloss sich dieser am Punkt „Null" auseinander zu bersten. Aus dieser Sicht spricht viel mehr für den periodischen Wechsel von Expansion und Kontraktion. Oder war der Auslöser doch ein Jemand, ein Gott, Jehova, Allah, Buddha oder Manitu etc., ein Übervater, der allen bekannten Gesetzen dieser Welt trotzt, nicht altert, verschleißt oder stirbt, sondern ewiglich ist? Der Mensch mit seinem wunderbaren Bewusstsein und den bahnbrechenden Erkenntnissen über seine Umwelt wird trotz allem dazu verdammt sein, das nicht herausfinden zu können.

Wie ist die Welt in einem superdichten schwarzen Loch beschaffen? Es soll dort nichts so sein wie sonst. Die Zeit soll abgeschaltet sein. Wie soll das gehen? Da versagt die Vorstellungskraft. Alles bewegt sich im Raum und in der Zeit. Den Raum zu überlisten, erscheint noch realistisch. Aber ohne Zeit dahin zu vegetieren? … das ist der ultimative Super-Gau, ein Zustand, der alles zum Stillstand bringt. Damit gäbe es für uns hier nichts zu diskutieren. Es fehlte uns schlicht die Zeit, etwas zu überlegen oder zu erörtern. Und wie soll sie sich dann im ultimativen weißen Loch verhalten? Rast die Zeit in Lichtgeschwindigkeit dahin oder kollabiert sie. Erklärungsversuche eines Menschen über das Raum-Zeit-Kontinuum gleichen anscheinend dem Versuch einer Schnecke, die Erde zu umrunden. Wir beobachten Prozesse, die sich in Jahrmilliarden vollziehen, obwohl jedem selbst vielleicht gerade einmal durchschnittlich 80 Jahre zur Verfügung stehen. Der große Entwicklungsmotor dieser

Welt hat uns in einer winzig
kleinen Episode als Spänchen
abgeworfen.
Und machen wir uns nichts
vor. Die Logik lässt im
Grunde nur einen Schluss zu:
Unser Leben, die Menschheit,
die Erde, das Sonnensystem,
unsere Milchstraße, ja das
gesamte für uns sicht- und
erfassbare Universum sind nur
Episoden in einem
Wechselspiel des Seins, was
wohl nicht nur 13,7 Milliarden
Jahre währt, sondern ewiglich,
vielleicht in einem
permanenten Wechselspiel der
Gegenpole ultimatives
schwarzes und ultimatives
weißes Loch. Und womöglich
ist auch der Raum so, in dem

sich alles abspielt und die Zeit sich fortbewegt, irgendwie begrenzt, aber doch unendlich und vielleicht nach dem absoluten Ende des Seins im weißen Loch sich wieder neu aufbauend hin zum schwarzen Loch. Es ist für uns nicht mehr definierbar. Mit dieser Erkenntnis müssen wir uns bescheiden!